DIE REIHE
Archivbilder

ALT-BRÜHLER UNTERNEHMEN UND GESCHÄFTE

EIN NOSTALGISCHER EINKAUFSBUMMEL

Der Marktplatz in den 1930er-Jahren. Hier fand seit alter Zeit bis in die 1930er-Jahre hinein der Wochenmarkt der Bauern aus dem Brühler Raum statt.

DIE REIHE

Archivbilder

Alt-Brühler Unternehmen und Geschäfte

Ein nostalgischer Einkaufsbummel

Hans J. Rothkamp

SUTTON VERLAG

Sutton Verlag GmbH
Hochheimer Straße 59
99094 Erfurt
http://www.suttonverlag.de

ISBN-10: 3-86680-057-6 | ISBN-13: 978-3-86680-057-1

Druck: Oaklands Book Services Ltd., Stonehouse | GL, England

Inhaltsverzeichnis

Vorwort

Der große Erfolg meines Buches „Schloss Augustusburg und Park“ in der Reihe „Archivbilder“, das Ende 2004 im Sutton Verlag veröffentlicht wurde, war für mich Ansporn und Anregung zugleich, aus meinem umfangreichen Fotoarchiv einen weiteren Bildband über meine Geburtsstadt Brühl zu gestalten. Dank des Glücksfalls, dass mir der bekannte und unvergessene Brühler Fotograf Fred Neff bereits in den 1980er-Jahren viele Negative und Originalabzüge aus seinem Foto-Archiv mit allen Publikationsrechten zum Kauf angeboten hatte, war es für mich eine Freude, wieder aus einem großen Fundus ein Thema zu dokumentieren, das für Brühl und die Region von großem Interesse ist. Aktuell wird viel über die wirtschaftliche Entwicklung und über Fragen der Innenstadtplanung gesprochen und vielen Menschen stellt sich die Frage, wie Brühler Unternehmen und Geschäfte wohl früher aussahen.

Die beiden Brühler Fotografen Fritz und Freddy Neff haben solche An- und Einsichten über viele Jahre auf Glasplatten und Zelluloid festgehalten und damit nachfolgenden Generationen ein Stück Brühler Wirtschaftsgeschichte für immer erhalten. Weitere Aufnahmen zum Thema konnte ich in meiner in vielen Sammlerjahren zusammengetragenen Ansichtskartendokumentation finden.

Danken möchte ich den vielen Brühler Bürgerinnen und Bürgern, die mir bereits vor Jahrzehnten Bildmaterial und Informationen überlassen haben. Inhaltlich spannt das Buch einen Bogen von den großen Braunkohle-Unternehmen über mittlere Unternehmen wie die Brühler Ziegeleien bis hin zur Brühler Geschäftswelt – auch Novaks kleines Büdchen auf dem Brühler Markt soll in Erinnerung bleiben. Anhand der 220 zum großen Teil bislang unveröffentlichten Aufnahmen und Werbeanzeigen können Sie, verehrte Leserin, verehrter Leser, einen nostalgischen Spaziergang durch Teile der Brühler Geschäftswelt machen und dabei feststellen, dass sich viel verändert hat. Dennoch, trotz aller Wirren und ständiger Veränderung, einige Unternehmen und Geschäfte gibt es auch heute noch.

Danken möchte ich an dieser Stelle meiner Partnerin Sibille, die mich seit vielen Jahren unterstützt und meine journalistische Arbeit zur Geschichte unserer Heimat, auch für die Städte Hürth und Weilerswist, mit großem Interesse begleitet. Ein weiteres Dankeschön dem heimatverbundenen Sutton Verlag in Erfurt, der es ermöglichte, dass dieses zweite von mir gestaltete Buch zur Geschichte der Stadt Brühl gedruckt wurde. Gerne danke ich auch Frau Reuter, der Leiterin der Kulturverwaltung der Stadt Brühl, für vielfältige Anregungen.

Hürth im Juni 2006
Hans J. Rothkamp

Grußwort

Es gibt nichts Dauerhaftes außer der Veränderung
Heraklit

Angesichts der vielen Veränderungen und Umwälzungen, die unsere Gegenwart prägen, verdient das, was war und geblieben ist, unsere besondere Aufmerksamkeit – im Übrigen liegt ein großes Interesse an der Stadtgeschichte absolut im Trend.

Das Archiv Rothkamp verfügt über einen großen Daten- und Bildspeicher, Zeugnisse und Quellen der Vergangenheit, die darum nicht verborgen bleiben sollten.

Der Autor dieses Buches ist leidenschaftlicher Sammler, dem Auffinden und Sammeln von Quellen widmet er gemeinsam mit seiner Partnerin seine Freizeit. Was ihn dabei besonders auszeichnet, ist ein großes Interesse daran, sich mit Menschen, die seinen Passion teilen, auszutauschen, vor allem aber, uneigennützig sein Archiv zugänglich und publik zu machen.

Von der Idee – in Anlehnung auch an die diesjährige Brühler City-Offensive NRW „Ab in die Mitte" zum Thema „BürgerUnternehmenStadt" – hier speziell die Wirtschaftsgeschichte aufzugreifen, war ich vom ersten Gespräch an überzeugt.

Die im Buch mit umfangreichen Erläuterungen abgebildeten Dokumente haben es verdient, in der sympathischen Reihe „Archivbilder" nach Jahrzehnten erneut den Weg in die Öffentlichkeit zu finden, denn die Kenntnis um die Leistungen der Vergangenheit ist ein wichtiger Eckpfeiler für zukunftsorientiertes Planen.

Das, was Menschen im Kleinen, aber auch im Großen für sich, für ihre Familien und entscheidend auch für die wirtschaftliche Entwicklung unserer Gesellschaft und damit für unser Wohlergehen geleistet haben, genau das dokumentiert dieses Buch.

Die Stadt Brühl war froh, ist froh und wird froh sein, in der Vergangenheit, heute und in Zukunft Unternehmen und Menschen mit Visionen in ihren leider nicht mehr vorhandenen Stadtmauern zu wissen, die zu allen Zeiten zukunftsorientiert Menschen Arbeit bieten und damit wichtige Rahmenbedingungen für unser städtisches Gemeinwesen schaffen.

Das Buch erzählt auch von Menschen, die in den Gründerjahren Pionierarbeit leisteten und den Wiederaufbau nach dem Zweiten Weltkrieg, als alles in Trümmern lag, schafften. Initiative, Kreativität und Flexibilität bewiesen vor Jahrzehnten bereits auch viele Brühler Einzelhändler, ein genaues Betrachten der Bilder gibt Zeugnis davon. Paten für diese Publikation standen zweifelsfrei Brühler Unternehmer und Geschäftsleute, ihr Engagement in der Vergangenheit hat den Wirtschaftsstandort Brühl gestärkt und unserer Wirtschaftskraft die Zukunft gesichert.

Viele Unternehmen, auch das ist festzustellen, waren und sind auch heute noch Aushängeschilder unserer Stadt.

Es liegt in der Natur der Sache, dass dieses Buch keinen Anspruch auf Vollständigkeit erheben kann, denn hier geht es um die thematische Veröffentlichung von Dokumenten eines Sammlers. Hans Rothkamp hat intensiv recherchiert, um seinen Bildband auch entsprechend erläutern zu können. Keinesfalls aber versteht sich der Heimatkundler im wissenschaftlichen Sinn als Historiker. Bereitwillig und großzügig unterstützt er mit seinem Dokumentenschatz Projekte – und das nicht nur hier in Brühl –, die der Kenntnis und Vertiefung unseres Wissens um die regionale Vergangenheit dienen. Für sein großes ehrenamtliches Engagement in vielen Bereichen, die alle etwas mit Traditionen, Denkmalschutz, Kultur-, Wirtschafts- und Alltagsgeschichte zu tun haben, hat er im In- und Ausland viele Ehrungen und Auszeichnungen entgegennehmen dürfen.

Nicht nur diesem informativen Buch, auch den Brühler Unternehmen und der Brühler Geschäftswelt wünsche ich Erfolg, denn der ist auch förderlich für die kulturelle Entwicklung in unserer Stadt!

Margret Reuter
Leiterin der Kulturabteilung der Stadt Brühl

Bild- und Quellennachweis

Alle Fotos stammen aus der Sammlung Rothkamp Foto Neff, die Ansichtskarten aus der Sammlung Rothkamp.

Zahlreiche *Brühler Adressbücher* der Vorkriegs- u. Nachkriegszeit.

Brauerei-Verzeichnis der Bundesrepublik Deutschland 1994 Band I. von MANFRED FRIEDRICH; Heidelberg.

Die Werbungen sind entnommen einem *Adressbuch der Stadt Brühl* aus dem Jahr 1907, einer *Festschrift zur 425jährigen Jubelfeier der St. Sebatianus Schützenbruderschaft* 1939, der Publikation *Brühl,* HRSG. VON DER STADTVERWALTUNG BRÜHL IM DEUTSCHEN STÄDTEVERLAG, Hannover.

Mit einem Gedicht von Schumachermeister u. Heimatdichter HEINRICH WEBER aus dem Jahr 1975.

1

Pingsdorf

Die Zeitreise beginnt in der Koloniestraße 69, heute Maiglerstraße, in Brühl-Pingsdorf mit der Restauration „Zur Bergmannsruh" von Anton Meyer, hier im Jahre 1920. Die Braunkohle zog um 1900 viele Menschen aus allen Teilen des Deutschen Reiches und aus Holland nach Pingsdorf. Unter ihnen war auch die jüdische Familie Eismann. Die Unternehmer der Grube Brühl bauten für die neu Hinzugezogenen rasch eine Bergarbeiter-Siedlung, die Colonie. Links sieht man Teile der Bergmann-Häuser, die auch heute noch, liebevoll modernisiert, bewohnt werden.

Viele Pingsdorfer Bergmänner kehrten nach Schichtende in die Restauration „Am Walde“ von Servatius Fischenich in der Koloniestraße 30 ein, um in geselliger Runde ihr wohlverdientes Bierchen zu trinken. Servatius Fischenich übernahm die kurz nach der Jahrhundertwende eröffnete Gastwirtschaft 1932 von seiner Mutter. Das Bild zeigt den Gastwirt in den 1930er-Jahren in der Uniform der Pingsdorfer St.-Sebastianus-Schützenbruderschaft.

Der Gastraum der Restauration „Am Walde“.

Über den Hüllenweg geht es weiter zum „Jägerhof" von Hermann Runte an der Euskirchenerstraße 130. In seiner Werbung aus dem Jahre 1907 schreibt der Gastronom, dass seine Restauration von Brühl aus in 20 Minuten zu erreichen sei. In der heutigen Zeit benötigt man dazu einige Minuten weniger.

1793 eröffnete der kurfürstliche Jäger Georg Braun in diesem Haus, das heute ein Hotel beherbergt, eine erste Gastwirtschaft. Auf dieser Ansichtskarte aus der Kaiserzeit sieht man auch einen Briefträger, denn zu dieser Zeit befand sich in der Restauration eine kaiserliche Postagentur.

Im Tanzsaal des „Jägerhofs" wurde auch Theater gespielt. Der Saal bot bis zu 700 Personen Platz und war im Fachwerkstil gebaut. Hermann Runtes „Jägerhof" war über Jahrzehnte auch ein beliebtes Ausflugsziel für Vereine und Schulen. Heute steht der Saal wiederaufgebaut im Rheinischen Freilichtmuseum in Kommern. Die Bestuhlung und die Dekoration konnten die Denkmalschützer anhand meiner Ansichtskartensammlung historisch genau nachbauen lassen.

Der alte Biergarten des „Jägerhofs" lud zu gemütlichem Zusammensein bei Bier und Wein ein, ein gastlicher Ort, an dem sich die Brühlerinnen und Brühler auch heute noch gerne treffen.

Nur wenige Meter vom „Jägerhof" entfernt, im Haus Nr. 127, betrieb Johann Dicke eine Schweinehandlung. Hier liefert sein Sohn Christian, der den Betrieb von seinem Vater übernommen hatte, in der Silvesternacht 1959 ein Glücksschweinchen nach Vochem. Viele Haushalte zogen in dieser Zeit noch ein oder auch zwei Ferkel groß. Zum Schlachten kam der Metzger ins Haus, wo an Ort und Stelle alles gleich verwurstet und auch eingekocht wurde.

Der bis heute in Pingsdorf unvergessene Bäckermeister Matthias Klein mit seinem Auslieferungswagen in der Euskirchenerstraße. Klein war im Zweiten Weltkrieg als Soldat in Frankreich und gelobte angesichts der Not und des Elends, sollte er aus dem Krieg zurückkehren, wolle er für die Kinder den St. Martin mimen und Weckmänner backen. Er kam zurück und erfüllte sein Versprechen über viele Jahrzehnte. Die Bäckerei befand sich an der Euskirchenerstraße 67.

In der Euskirchenerstraße 74 befand sich über Jahrzehnte die Metzgerei von Friedrich Wilhelm Waffenschmidt. Hier sieht man ihn in der Paradeuniform eines kaiserlichen Gardesoldaten. Er diente bereits in der Friedenszeit vor 1914 zwei Jahre bei einem der zahlreichen Garderegimenter des Kaisers in der Reichshauptstadt Berlin.

Die Familie Waffenschmidt posierte in den 1920er-Jahren vor ihrer Metzgerei. Links neben der Metzgerei sieht man das Haus der jüdischen Familie Moritz Gottschalk, die bis zu den Ausschreitungen der Nationalsozialisten dort einen Viehhandel betrieb.

Weiter geht der Blick vom Kuttenbusch aus auf Pingsdorf, um 1910. Im Vordergrund sieht man die alte Pingsdorfer „Unter-Mühle" mit Mühlenteich und Schornstein. Die Mühle konnte schon zu dieser Zeit auf eine lange Tradition zurückblicken.

Zurück auf der Euskirchenerstraße steht man vor dem Haus Nummer 97 mit der Gaststätte „Zur Linde" von Kurt Knipper. Im Garten neben der Gaststätte fanden in der Vorkriegszeit Kirmesveranstaltungen mit kleinen Karussells statt. Die Ansichtskarte aus den 1950er-Jahren zeigt die kleine Wirtschaft mit Schankraum und die Drogerie von Hans Stupp.

Die Huf- und Wagenschmiede von Anton Nipp in der Kirchstraße 4, der heutigen Badorferstraße. Die Ansichtskarte wurde nach 1900 aufgenommen und zeigt die Straße noch unverbreitert und mit dem großen, zum Pfarrhaus gehörenden Garten. Im Hintergrund ist der Hof der Familie Früh zu sehen. Auf diesem Grundstück stand einst einer der Tafelhöfe der Kölner Kurfürsten.

Ein Hochzeitzug bewegte sich Ende der 1940er-Jahre von der Kirche kommend an der Wagenschmiede vorbei. Deutlich erkennt man die heute nicht mehr vorhandene Kopfsteinbepflasterung der Straße.

Hotel-Restaurant

Pingsdorfer Hof

Besitzer: Jean Kemp.

Grösstes Etablissement von Pingsdorf

direkt am Bahnhof der Cöln-Bonner Kreisbahn und am Walde gelegen.

Schönstes und grösstes schattiges Gartenlokal mit überdeckter Veranda der Brühler Gegend.

Grosse und kleine Säle mit Kegelbahn u. Billard für Gesellschaften u. Vereine.

Jeden Sonn- und Feiertag grosses Künstler-Konzert.

Rendezvous sämtlicher Radfahrer. Pumpstation pp. Stallung für Pferde. Remise für Wagen, Automobile etc. Vorzügl. Kaffee und Speisen. Reine Weine, feine Biere. Familien-Pension. Herrliche Waldwege in 3 Minuten zu erreichen.

Eine Werbung der Hotel-Restauration „Pingsdorfer Hof“ in der Euskirchenerstraße 58 aus dem Jahre 1907. Besitzer war zu der Zeit Jean Kemp, der sein Etablissement als größtes in Pingsdorf anpries.

Zwei Jahre später, 1909, war das Restaurant in den Besitz von Heinrich Kux übergegangen. Der „Pingsdorfer Hof“ verfügte wie der „Jägerhof“ über einen großen Saal und einen schattigen Biergarten.

Johann Seidenfaden / Dampfziegelei

G. m. b. H.

Fernsprecher:
Amt Brühl Nr. 2025

Bankkonto
bei der Kreissparkasse Köln, Zweigstelle Brühl
Konto Nr 212

Postscheckkonto Köln Nr. XXXXX

Staats- und Kleinbahnanschluß:
Station Pingsdorf
der Köln-Bonner Eisenbahnen

Brühl Bez. Köln, den 30. April 1935
Rheinstraße 4

Rechnung

In der Römerstraße 7 befand sich die 1899 gegründete Pingsdorfer Ziegelei Jean Wester, Nachfolger Johann Seidenfaden. Die Luftaufnahme aus den 1930er-Jahren zeigt neben der Ziegelei die ehemalige Kaiser-Wilhelm-Schule und den alten Pingsdorfer Bahnhof. Nach Johann Seidenfadens Tod im Jahre 1948 führte seine Frau das Unternehmen bis in die 1950er-Jahre weiter. Danach ging es in den Besitz der Firma Wings über, deren Inhaber August Gartzen wenige hundert Meter weiter an der Römerstraße 75 eine Ziegelei betrieb. Die Ziegelei holte sich jedes Jahr für Saisonarbeiten einen festen Stamm von Arbeitern aus dem Lipper Raum, zusätzlich zu den Brühler Arbeitskräften.

Das Fabrikgebäude mit dem Gründungsjahr 1899 und dem Hinweis, dass es sich um hier um eine mit Dampfkraft betriebene Ziegelei handelt.

Einer der Lager-Schuppen der Pingsdorfer Ziegelei, in denen die Lehmrohlinge vorgetrocknet wurden, bevor sie später im Ringofen zu fertigen Steinen gebrannt wurden.

2

Kierberg und Brühl

Nur wenige hundert Meter von der Pingsdorfer Ziegelei entfernt, an der Römerstraße 75, befand sich die 1896 gegründete Ziegelei Robert Wings & Co. von August Gartzen. Rechts sieht man die Liblarerstraße und hinter den Ziegeleibauten einen Lehmberg. 1911 fuhr der Kaiser mit seinem Automobil über die Liblarerstraße zu einem Besuch in die Eifel. Für die Kinder war die Ziegelei damals ein ideales Spielgelände, besonders beliebt waren rasante Fahrten mit den kleinen Loren, was aber sehr gefährlich war. Nicht selten musste Gartzen dem munteren Treiben mit seinem Schäferhund ein Ende bereiten.

Die Belegschaft der Ziegelei Wings & Co. im Jahre 1899 umfasst etwa 50 Arbeiter. In der Mitte links sieht man den Ziegeleibesitzer, elegant mit Stehkragen, Melone und Gehstock, links neben ihm sitzt sein Sohn mit breitem Strohhütchen. Telefonisch war die Firma im alten Brühl unter der Nummer 17 zu erreichen.

Die kleinen Loren vor der Lehmwand wurden von Hand mit Lehm gefüllt, oben auf dem Hang sieht man einen Arbeiter mit seiner Pickhacke. Die Ziegelei Wings & Co. war die größte in Brühl und Umgebung. Sie hatte einen Eisenbahn-Anschluss und eigene Pferdefuhrwerke, aber auch schon Lastwagen.

Zurück zur Pingsdorferstraße in Richtung Stadt gelangt man an der Hausnummer 79 zur Kornbranntwein und Likörfabrik von Adolf Krauss. Krauss war ein bekannter und angesehener Mann, der vielen älteren Brühlern in guter Erinnerung geblieben ist. Zu seinen Spezialitäten zählten ein 38-prozentiger Doppelkorn, der „Ahle Drickes", und der 32-prozentige Kräuterlikör „Klütten-Männchen". Das Etikett des „Ahle Drickes" schmückte ein Brühler Original namens Heinrich Oswald. Er war ein oft gesehener Gast in allen Brühler Gaststätten. Im Tausch gegen eine Flasche Korn pro Woche auf Lebenszeit gab er dem Fabrikanten die Erlaubnis, sein Konterfei mit Namen auf den Flaschenetiketten zu vermarkten.

Die Kornbrennerei und Likörfabrik Krauss mit dem Geschäftsraum der Firma in den 1950er-Jahren. Bei Familie Krauss gab es immer ein Gläschen zum Probieren gratis – eine nette Geste. Das Unternehmen schloss 1969 seine Türen, das liebevoll gepflegte ehemalige Fabrikgebäude mit seinem Schornstein bekundet noch heute eine lange Brühler Firmengeschichte.

Fabrikbesitzer Adolf Krauss mit Familie im Garten seiner Villa an der Pingsdorferstraße 82.

An der Pingsdorferstraße 2-4, Ecke Liblarerstraße, stand die Restauration von Josef Speckenheuer. Das in der Kaiserzeit errichtete Haus trug zu der Zeit der Erbauung den klangvollen Namen Hotel „Kaiser Friedrich". Das Haus wurde bei den zahlreichen Luftangriffen des Zweiten Weltkriegs auf die Schlossstadt zerstört.

Weiter geht es die 1831 angelegte Brühl-Lechenicher Bezirksstraße hoch, über die man zur Restauration „Haus Vendel" auf der Gabjai gelangte. Der ehemalige Bauernhof stand unterhalb des neuen Brühler Wasserturms und war ein beliebtes Ausflugsziel. Die Wirtin Finnchen Offermann war weit über Brühls Grenzen hinaus für ihren Humor und die wöchentlichen Schlachtfeste bekannt.

Im heute rekultivierten und schon lange wieder aufgeforsteten Braunkohlengelände rechts der Bezirksstraße Richtung Liblar befand sich die Brikettfabrik der Gewerkschaft Maria Glück, die kurz nach 1900 in Betrieb ging und 1931 stillgelegt wurde. Die Aufnahme zeigt die Fabrik mit dem alten, 1901 gebauten Brühler Wasserturm (unten rechts). Nach dessen Abriss Anfang der 1950er-Jahre wurde 1952 als Ersatz ein neuer und größerer Wasserturm errichtet, der heute die Skyline von Brühl bestimmt.

Nur wenig weiter, im Haus Nr. 87, befand sich das Ausflugslokal Nüsgen auf der Gabjaierhöh mit seinen Gartenanlagen, die bis an den Villewald heranreichten.

Noch etwas weiter, wiederum rechts der Landstraße, kam man zur Grube Brühl mit ihren drei Schornsteinen. Die Brikettfabrik ging 1878 in Betrieb und wurde 1955 mit einem letzen „Glück auf" stillgelegt.

Diese Sonderbriketts mit den Daten der Inbetriebnahme und der Stilllegung wurden in der Grube Brühl als letzte Briketts für Sammler gepresst. Der Brühler Josef Kau hatte vor Jahren die größte Sonderbrikett-Sammlung der Welt, seine Schwiegereltern betrieben die Kantine der Grube Brühl und später die Gastwirtschaft Kreisch am Rodderweg.

Anlässlich einer Ehrung für Jubilare der Grube Brühl in der NS-Zeit zierte eine Girlande mit Hakenkreuzen eine der zahlreichen Brikettpressen der Fabrik.

„Glück auf" hieß es auch zum 25. und 40. Dienstjubiläum im Jahre 1950. In der Mitte mein Großvater Christian Rothkamp, der zur Zeit der Aufnahme sein 40. Dienstjubiläum als Bergmann der Grube Brühl feiern konnte.

Ganz in der Nähe der Grube Brühl gab es in Kierberg eine weitere Brikettfabrik, das Gruhl'sche Braunkohlen- und Brikettwerk. Dieser Rechnungskopf mit der Ansicht der Fabrik stammt aus dem Jahre 1897. Die Brikettfabrik Gruhlwerk I ging 1892 in Betrieb und presste 1955 ihre letzen Briketts. Das 1914 gebaute Gruhlwerk II schloss 1965 seine Fabriktore.

Eine Ansichtskarte aus der Zeit um 1900 zeigt die Gruhl'sche Fabrik, den Tagebau und das Arbeiterheim. Der Zeichner verzierte die Karte auch mit einem Wappen mit den zwei Hämmern der Bergleute.

Dieser Brühler Bergmann ließ sich in den 1930er-Jahren im Atelier von Fritz Neff in Knappentracht mit Grubenlampe fotografieren.

Die Ansichtskarte zeigt den Tagebau Gruhlwerk bei Kierberg mit Baggern und einem mit Braunkohle beladenen Zug.

Eine Werbung der Bahnhofs-Restauration Kierberg von 1907, die die Restauration als schönste und beliebteste der Umgebung anpreist.

Der 1875 an der Eisenbahnlinie Köln–Trier erbaute repräsentative Kaiserbahnhof in Kierberg. Von hier fuhr Kaiser Wilhelm I. mit seiner Gemahlin, der Kaiserin Augusta, per Kutsche vom Schloss kommend über die Kaiserstraße zu den großen preußischen Manövern bei Euskirchen. Mit dieser Ansichtskarte warb W. Höfer um 1910 für sein Restaurant im Bahnhof.

Die Restauration Forschbach befand sich nur zwei Minuten vom Bahnhof entfernt in der Schulstraße 29. Hier sieht man die Gastwirtschaft auf einer Lithografie von Künstlerhand werbewirksam gezeichnet. Die Ansichtskarte zeigt auch den Kierberger Bahnhof, der als eine der schönsten Haltestellen in Preußen bezeichnet wurde.

In der Schulstraße 12-14 war das Restaurant „Zur Post“ von Gottfried Pohl ansässig, hier um 1930. Welcher junge oder jung gebliebene Brühler kennt nicht die Diskothek, die sich heute in diesem Gebäude befindet?

Die „Corrida-Bar“ warb in den 1960er-Jahren mit dieser Ansichtskarte für ihre verschiedenen Einrichtungen, zu denen auch Luft-Kleinkaliberschießstände gehörten. Damals wie heute lud die „Corrida-Bar“ jeden Samstag, Sonntag und Feiertag zum Tanz ein.

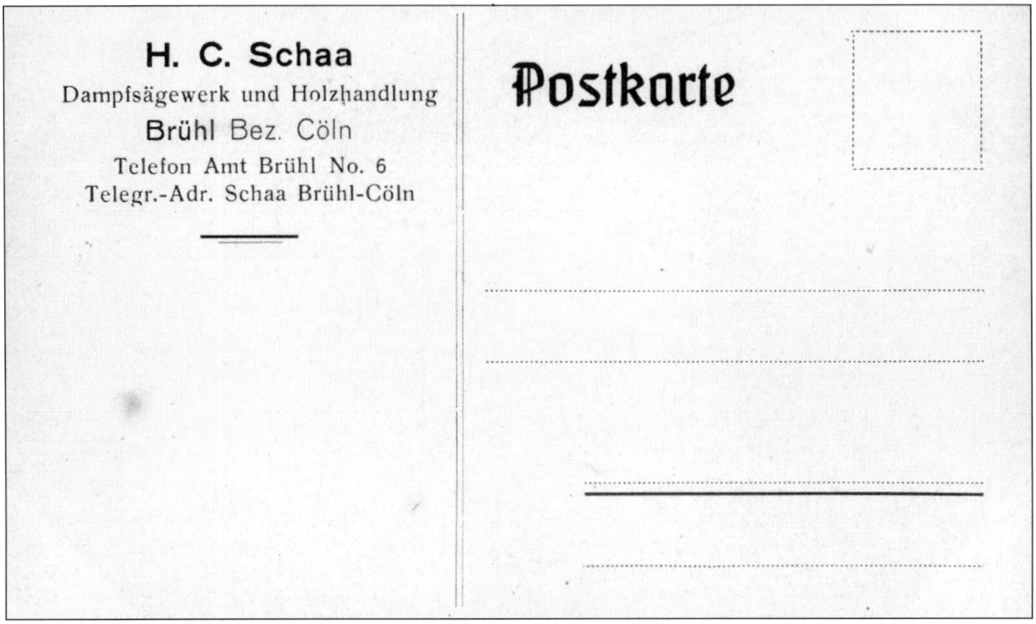

Kierberg verlassend kommt man zum Rodderweg 41, zum Dampfsägewerk mit Holzhandlung von Hermann Schaa. Hermann Cornelius Schaa gründete das Unternehmen 1890 bei Villenhaus in der alten Libarerstraße kurz vor Liblar. Kurz vor 1900 siedelte das Unternehmen in den Rodderweg nach Brühl um. Nach dem Tod des Firmengründers 1936 übernahm Hermann Ludwig Schaa das Geschäft und führte es bis zur Schließung im Jahre 1955.

Der Firmengründer Hermann Cornelius Schaa.

Das Dampfkraft-Sägewerk Schaa am Rodderweg in den 1920er-Jahren. Links neben dem Wohnhaus, das mit prächtigen Fachwerkverzierungen gebaut wurde, stand das Kontor der Firma.

Die zwischengelagerten Baumstämme warteten auf eine Weiterverarbeitung in den Sägehallen. Bei einem Luftangriff im Februar 1945 brannte eine dieser Sägehallen ab. Der Sägewerkmeister der Firma kam bei diesem Angriff so kurz vor Kriegsende ums Leben.

3

Stadteinwärts und die Brühler Innenstadt

Vom Rodderweg geht es weiter zur Pingsdorferstraße 52-54 zur Auto-Blechschlosserei und Schmiede von G. Esser. Sein Teilhaber Max Geissler machte sich 1929 hier selbstständig, das Unternehmen nannte sich in den 1930er-Jahren Karosseriewerk Brühl. Max Geissler verlagerte seinen Betrieb vor dem Zweiten Weltkrieg an die Kölnstraße 139-141 auf das Gelände der ehemaligen Firma Wagenbau & Karosseriebau Kivernagel. Und wer möchte nicht einmal Fahrgast in diesem vom Karosseriewerk Brühl reparierten kleinen Bus sein?

Eine weitere Aufnahme eines Reisebusses vor dem Karosseriewerk, diesmal aus den 1930er-Jahren. In den 1970er-Jahren beherbergte die kleine Halle die Kfz-Werkstatt Randau.

Während der Besatzung in der Nachkriegszeit befand sich an der Stelle des Karosseriewerks eine vom belgischen Militär frequentierte Tankstelle. Die Belgier nutzen Brühl als Stützpunkt und so manchem Brühler sind noch die laut über das Kopfsteinpflaster ratternden Kettenpanzerwagen auf ihrem Weg zum Truppenübungsplatz Vogelsang in der Eifel im Gehör. Die Tankstelle wurde später eine der ersten Brühler Freien Tankstellen, man beachte die Benzinpreise jener Zeit.

„Allen voran in Preis und Qualität!" Diesem Motto hatte sich Zigarren-Heiten an der Pingsdorferstraße 129 verschrieben. Diese Aufnahme entstand vor dem Zweiten Weltkrieg.

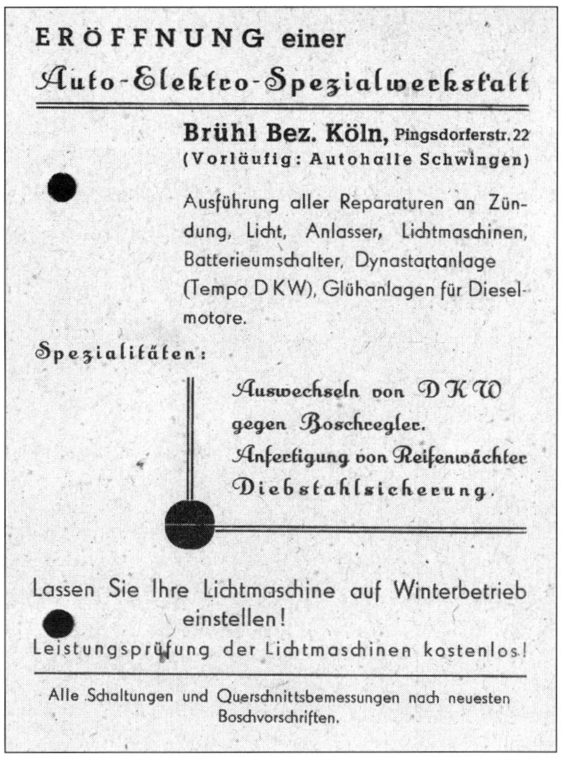

Aus russischer Kriegsgefangenschaft heimgekehrt, eröffnete der Brühler Kfz-Meister Jakob Schmitz 1948 an der Pingsdorferstraße eine Auto-Elektro-Spezialwerkstatt. Dafür ließ er diese Werbepostkarte drucken. Das noch heute bestehende Unternehmen ist in Brühl unter dem Namen Bosch-Schmitz bestens bekannt.

Am 15. Juli 1874 erwarb der Gutsbesitzer und Herr auf Schloss Falkenlust, Friedrich Giesler, die Brauerei von Matthias Früh. Giesler führte sie zuerst unter dem Namen Anton Roos Brauerei zum Vorgebirge und ab 1907 unter Friedrich Giesler'sche Brauerei zum Vorgebirge. Wegen der großen Nachfrage entschloss sich Giesler 1890, sein Unternehmen zu modernisieren und zu vergrößern. 1917 schloss sich die Brühler Schlossbrauerei der Giesler'schen Brauerei an. Diese Betriebsgemeinschaft mit dem Namen Brühler Brauerei GmbH wurde 1936 in die Friedrich Giesler'sche Brauerei GmbH umgewandelt.

Die Giesler'sche Brauerei mit dem dazugehörenden Restaurant „Zum Vorgebirge", das von Johannes Waffenschmidt betrieben wurde, in der Uhlstraße 94-96. Die Ansichtskarte wurde 1910 verschickt. Auf der Rückseite warb der Wirt mit dem Spruch: „Kommt Ihr mit oder ohne Rad / kommt Ihr früh oder kommt Ihr spat / Alle sollt Ihr willkommen sein / drum kehret beim Johannes ein!"

Auf dieser Aufnahme werden mit Giesler-Bier abgefüllte Flaschen in den 1960er-Jahren für den Verkauf fertig gemacht.

Einer der Auslieferungswagen der Giesler'schen Brauerei in den 1950er-Jahren mit Fahrer Peter Lambertz (rechts).

Die Uhlstraße, Ecke Bonnstraße und Mühlenstraße, in den 1930er-Jahren. Noch waren die Unternehmen nicht von den Zerstörungen durch die Bombenangriffe betroffen. Links, Uhlstraße 85, war das Motorräder-, Fahrräder- und Nähmaschinengeschäft mit Reparaturwerkstatt von Math. Krämer. Vor seinem Schaufenster befand sich eine Shell-Zapfsäule. Rechts folgte die Zigarren- und Weinhandlung Josef Feuser und im Hintergrund, Ecke Bonnstraße, sieht man das Café von Konditor Peter Mestrum.

Bei Kriegsende 1945 sah es an der gleichen Stelle ganz anders aus. Hier zeigte der Krieg den Brühlern eines seiner hässlichen Gesichter.

In der Bonnstraße 14 war das Elektro-Geschäft von Friedrich Rasky ansässig. Am 1. Februar 1919, wenige Monate nach dem Wechsel vom Kaiserreich zur Republik, machte sich der junge Meister mit einem Teilhaber zuerst in der Mühlenstraße selbstständig. Später verlagerte Rasky sein Unternehmen in die Bonnstraße 14 und 1937 weiter in die Uhlstraße 55, wo das Geschäft noch heute besteht. Seit vielen Jahrzehnten ist die Firma für die Elektrotechnik von Schloss Augustusburg zuständig.

In der Bonnstraße 16 befand sich das Wagenbau-Unternehmen von Josef Fischer und Wilhelm Sechtem, das im Ersten Weltkrieg auch staatliche Aufträge von der Kaiserlichen Heeresleitung aus Berlin bekam. Das Bild zeigt eine einachsige Kutsche, die von den Meistern gebaut wurde. Aus dem Unternehmen entstand das heutige Beerdigungsinstitut Sechtem.

Theodor Geuer
Elektro-Meister, Brühl-Wesseling
Spezial-Unternehmung für Elektrotechnik
Büro u. Lager: Mühlenstr. 85 / Fernruf 27 49
Ausführung elektr. Licht-, Kraft- und Signal-Anlagen

Ein Abstecher führt in die Mühlenstraße 85 zum Elektrohaus von Theodor Geuer, das gegen Ende des Zweiten Weltkriegs von einer Bombe zerstört wurde. Auf dem Foto unten ist man mit ersten Aufräumarbeiten beschäftigt. Der Unternehmer betrieb zur der Zeit auch eine Filiale in Wesseling.

Wieder in der Uhlstraße sieht man die in einer Ruine untergebrachte Park-Apotheke und das Fernseh-, Radio- und Elektrohaus FWW von F.W. Waffenschmidt. Das Geschäft bot außerdem Herde, Öfen, Waschmaschinen, Kühlschränke und Beleuchtungskörper an. Zur Zeit der Aufnahme in den 1960er-Jahren machte das RWE Brühl Werbung für seine neuen Elektro-Kühlschränke.

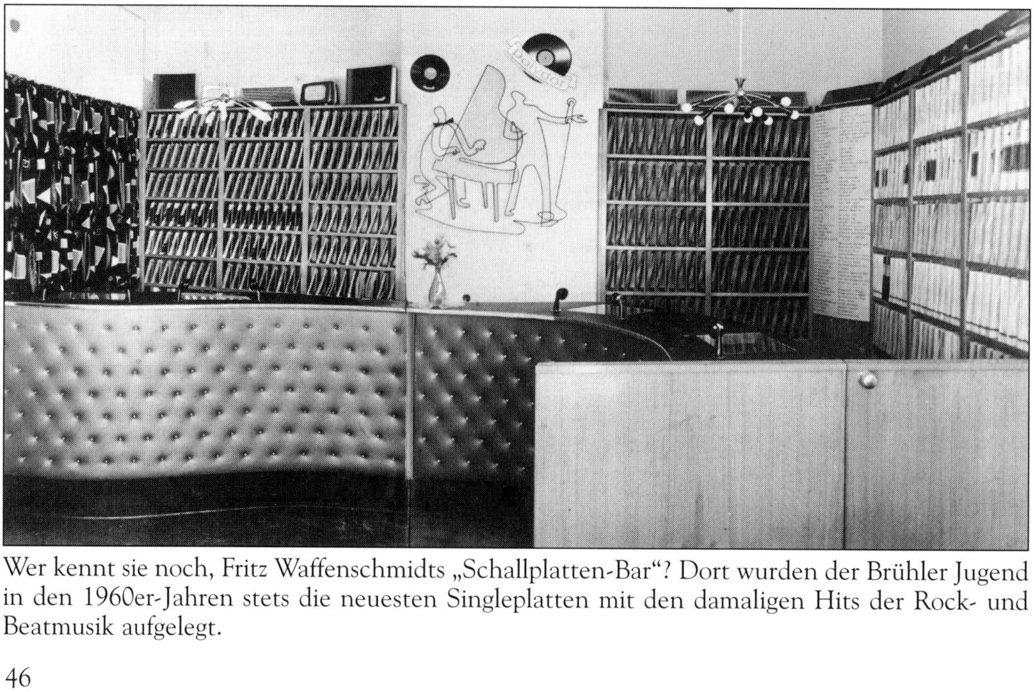

Wer kennt sie noch, Fritz Waffenschmidts „Schallplatten-Bar"? Dort wurden der Brühler Jugend in den 1960er-Jahren stets die neuesten Singleplatten mit den damaligen Hits der Rock- und Beatmusik aufgelegt.

Hotel-Restaurant
„Zur ewigen Lampe“ Brühl
Uhlstr. 69 (Im Sängerheim) Uhlstr. 69
Inh.: Geschwister Eul. Vereins-Lokal des Quartettverein Brühl.
Fernsprecher 27.
Prima helles Export-Bier
aus der Schlossbrauerei Brühl.
„Echt Kölsch“
aus der Brauerei G. Weiden.
Reine Weine. Vorzügliche Küche

Das Hotel-Restaurant „Zur ewigen Lampe“ in der Uhlstraße 69 präsentierte sich im Jahre 1907 mit dieser Werbeanzeige. Das Haus beherbergt noch heute, 100 Jahre später, eine Gastwirtschaft und ist wohl jedem Brühler bekannt. Das Gebäude soll einmal von einer Bäckerei und der Wirtschaft gemeinsam genutzt worden sein. Den späten Gästen folgte in der Nacht der früh beginnende Bäcker, so ging in diesem Haus nie das Licht aus.

Diese Ansichtskarte zeigt die obere Uhlstraße mit ihren Geschäften und der „Ewigen Lampe“ in der Kaiserzeit.

Das Möbelhaus Zirkus in der Uhlstraße, Ecke Bönnigergasse 25, warb in den 1930er-Jahren auf der Eingangstür für seine Gelegenheitskäufe und pries sich als Möbelhaus für Jedermann an. Das Möbelhaus hatte auch eine Niederlassung in Liblar.

Das Bettenhaus Bong an der Uhlstraße 65-67 in den 1970er-Jahren. Im Schaufenster warb eine aus dem Märchen wohlbekannte Gänseliesel mit ihren Gänsen für die weichen Gänsedaunen und Daunenkissen.

Während der ersten großen preußischen Manöver bei Euskirchen im Jahre 1842 residierte Friedrich-Wilhelm IV. von Preußen mit seiner Gemahlin im Schloss Augustusburg. Der Königin fiel ein hinkender Junge im Schlosspark auf, den ihr Leibarzt später heilen konnte. Die Herrscherin aus Berlin kümmerte sich weiter um den Jungen und ermöglichte ihm, das Uhrmacherhandwerk zu erlernen. Als Meister machte sich Peter Klug dann 1855 an der Uhlstraße 63 selbstständig. Er handelte mit Uhren, Gold- und Silberwaren sowie Besteck. Auf der Aufnahme unten feierte das Unternehmen im Jahre 1935 sein 75. Geschäftsjubiläum. Die heutigen Inhaber, Richard Frommann und seine Frau, führen das Geschäft in bester alter Tradition weiter. Es konnte 2005 stolz ein 150. Jubiläum feiern.

Diese Aufnahme entstand während des Jubiläums 1935 vor dem geschmückten Geschäft von Peter Klug.

Der letzte Geschäftsinhaber mit dem traditionsreichen Namen Peter Klug in den 1960er-Jahren.

Die Lebensmittelhandlung Geschw. Piel in der Uhlstraße 50, Anfang der 1950er-Jahre. Das Geschäft wurde später von der Firma Mestrum weitergeführt. Mestrum war in den 1940er-Jahren in der Kölnstraße 51 zu finden, damals als Nachfolger des Bäckermeisters Josef Wery, der eines der bekanntesten Mitglieder der Brühler St.-Sebastianus-Schützen war. Wery hatte seine Bäckerei in der Kölnstraße 1901 gegründet.

Eine Ansichtskarte zeigt, wie die Uhlstraße um 1910 aussah. Neben der Kölner Consum-Anstalt (rechts) befand sich die kleine Cigarrenfabrik von Th. Löw, gegenüber befand sich die Glashandlung von Hubert Kaus und einige Häuser weiter Jülichs kleines Kaufshaus, das der Brühler Familie Jülich gehörte, die jüdischen Glaubens war.

Die Auslagen der Tabakhandlung Löw in der Uhlstraße 48 Anfang der 1950er-Jahre.

Auf der Aufnahme unten aus den 1930er-Jahren preist Alfons Bollig, auf einem Holzpferdchen sitzend, seine Trikotagen und Strümpfe an. Sein Geschäft befand sich in der Uhlstraße 44.

Das Brühler Kaufhaus in der Uhlstraße 36-40 wurde 1953 eröffnet. Das Kaufhaus war mit einer Filiale auch in Wesseling vertreten.

Dieses Bild entstand anlässlich der Eröffnungsfeier 1953 und zeigt, wie reichhaltig das Warenangebot im beginnenden Wirtschaftswunder war. Nach dem Wegfall der Rationalisierungen wirkten die Auslagen der Geschäfte für die Brühler wie ein Schlaraffenland.

Zwei weitere Bilder, die während der Eröffnungsfeier des Brühler Kaufhauses 1953 aufgenommen wurden.

Das Kaufhaus Brünell in der Uhlstraße 37. Seine Inhaber waren jüdischen Glaubens. Das Geschäft wurde im Mai 1926 eröffnet. Links sieht man Leni Brünell, in der Mitte Frieda Klett und rechts Paula Brünell.

Ein Blick in die Uhlstraße der Vorkriegszeit, Richtung Markt, mit dem Café von Peter Gossen, dem Kaufhaus Brünell und dem Schuhhaus Valentin.

Vor der Ochsen- und Schweinemetzgerei von Paul Wied an der Uhlstraße 32 präsentierte sich das Personal mit einer Kuh dem Fotografen. Die Kuh ahnte wohl zu diesem Zeitpunkt noch nicht, dass sie schon sehr bald zu Delikatessen verarbeitet in der Auslage liegen würde. Auf dem Bild sind noch deutlich Kriegsschäden, die die Uhlstraße erlitten hatte, zu erkennen.

Die Metzgerei warb in den 1950er-Jahren mit dem Hinweis „Fleisch- und Wurstwaren nur I. Qualität“ und einer elektrischen Kühlanlage.

Das Hotel Restaurant „Brühler Hof" in der Uhlstraße 30, Inhaber T. Fey, mit seinen Räumlichkeiten. Die Ansichtskarte wurde in den 1950er-Jahren bei Foto-Neff in Auftrag gegeben.

Der Ausschank im „Brühler Hof“ in der Uhlstraße 30.

Das Pelzhaus Fischer in der Uhlstraße 25 bot den Brühlern elegante Pelzwaren, Pelzreparaturen und auch fachgemäße Pelzaufbewahrung an.

Im Jahre 1934 eröffnete Jakob Düster sein Herrenmodengeschäft an der Uhlstraße 24. Düster zog von 1937 bis 1939 zur Kölnstraße 20-22 und ab 1939 zur Kölnstraße 12, wo das Geschäft noch heute ansässig ist. Das Bild zeigt die Familie Düster vor ihrem Geschäft in der Uhlstraße 24.

Die Sattlerei von Sattlermeister Josef Blied in der Uhlstraße 16 kurz nach dem Zweiten Weltkrieg.

Blieds Sattlerei spezialisierte sich in den Nachkriegsjahrzehnten auf feine Lederwaren, wie diese Aufnahme aus den 1970er-Jahren zeigt.

Besonders aufwendig warb das Brühler Textilhaus Murjahn in der Uhlstraße 14 in der Nachkriegszeit für einen Weihnachtseinkauf in seinen Räumen. Dieses von Fotokünstler Fritz Neff aufgenommene Bild lädt besonders zu einer genauen Betrachtung der Details ein.

Der Eingang des Textilhauses Murjahn Anfang der 1950er-Jahre.

Ein liebevoll dekoriertes Schaufenster bei Murjahn, ebenfalls Anfang der 1950er-Jahre.

Im Jahre 1889 eröffnete der aus dem Vorgebirge stammende Schreinermeister Bertram Zingsheim mit seiner Frau an der Uhlstraße ein kleines Möbelgeschäft mit Schreinerei. Er ahnte wohl schon den kommenden wirtschaftlichen Aufschwung der Stadt in den folgenden Jahren.

1939 konnte man bei Zingsheim das 50. Geschäftsjubiläum und das 25. Dienstjubiläum mehrerer Gesellen feiern. In der ersten Reihe links sieht man Ludwig Kurth, den Enkel des Firmengründers, der nach den Zerstörungen des Zweiten Weltkriegs und dem Tod von Wilhelm Zingsheim, Bertram Zingsheims letztem Sohn, ab 1947 das Unternehmen führte.

1899 erwarb Bertram Zingsheim die ehemalige Mädchenschule, rechts, und baute sie in ein großzügig gestaltetes Möbelgeschäft um. Nach einem Um- und Neubau 1929 präsentierte sich das Unternehmen, das jetzt die Hausnummern 21-23 belegte, in den 1930er-Jahren so.

Bei einem schweren Luftangriff auf die Schlossstadt im Dezember 1944 ging fast die gesamte Bausubstanz der Firma verloren, darunter die umgebaute ehemalige Mädchenschule. Bei diesem Angriff auf Brühl hatte auch die Familie Zingsheim Tote und Verletzte zu beklagen. Das Bild zeigt den Neuaufbau in den 1950er-Jahren auf dem Trümmergrundstück der ehemaligen Schule.

Zwei Einblicke in die Schreinerei und die Polsterei des Möbelhauses Zingsheim in den 1940er-Jahren.

Im Jahre 1891 gründete Heinrich Britz in der Brühler Uhlstraße 12 ein Uhren- und Optikgeschäft. Das Foto, das nach 1900 entstand, zeigt den jungen Uhrmacher, der stolz einen Bart im Stil des Kaisers trug, mit seiner Frau.

Im Jahre 1951 feierte Uhrmacher Britz sein 60. Geschäftsjubiläum.

Ein Blick in die Werkstatt des Brühler Meisters Britz.

Links sieht man die Wirtschaft „Zum Franziskaner" in der Uhlstraße 8. Das traditionsreiche Gebäude wurde noch in Fachwerkbauweise errichtet. Es blieb von Kriegsschäden verschont, fiel aber dann vor wenigen Jahrzehnten der Spitzhacke zum Opfer.

Die Inneneinrichtung des „Franziskaners" in den 1960er-Jahren. Durch die Glasfenster hindurch entdeckt man das heutige, neue Brühler Rathaus, die damalige Berufsschule.

Neben dem „Franziskaner“, in der Uhlstraße 6, empfiehlt Heinrich Reusch den Brühlerinnen und Brühlern seine erstklassige Ochsen- und Schweine-Metzgerei.

Weiter geht es zur „Rathausschänke“ (oben) mit ihrem Schankraum (unten). Im gleichen Gebäude, Uhlstraße 4, befanden sich das Brühler Fotoatelier Neff und eine Leihbücherei. Foto-Neff zog später in die Schlossstraße um.

Diese Aufnahme zeigt das schwungvolle Abladen der Bierfässer vor der „Rathausschänke“ in den 1950er-Jahren. Um den Fall abzufedern, legte man ein Kissen auf die Straße. Im Hintergrund sieht man das heutige Rathaus.

In der Uhlstraße 2 befand sich das Radiogeschäft von Rundfunk-Mechanikermeister Joust. Hier gab es in den 1950er-Jahren die ersten Fernsehapparate und Röhren-Radios zu bestaunen. Die bewegten Bilder brachten den Menschen in Nachkriegdeutschland Ereignisse aus allen Winkeln der Welt näher.

Ein Sparbuch der Sparkasse der Stadt Brühl, die 1896 gegründet wurde, aus dem Jahre 1914. Auf den letzten Seiten des Buches ist die Satzung der Sparkasse zu lesen, die 1908 vom damaligen Brühler Bürgermeister Dr. Hellenbroich und vom Rat genehmigt wurde. Das Sparbuch wurde von der Brühler Druckerei Karl Martini gedruckt.

Eine Werbung der Städtischen Sparkasse Brühl im Steinweg 5, mit der man nach 1900 Kunden gewinnen wollte.

Ein Besuch bei Gastwirt Jean Kremer im Steinweg 12. Nach aufreibenden Ratssitzungen trafen sich die Brühler Ratsherren gerne bei „Kremers Schang“, um noch ein erfrischendes Bierchen zu trinken. Nicht selten soll man sich letztlich dann doch noch in strittigen Punkten geeinigt haben. Bei „Schang“ gab es neben Clemens-August-Pils und Reisdorf Kölsch auch Königsbacher Pils im Ausschank an der Theke.

Kürschnermeister Johannes Stolpner führte am Steinweg 15-19 elegante Pelze und Damenmode. Die Aufnahme stammt aus den 1960er-Jahren.

„1921 erblickt das Licht der Welt / ein lieber Mensch, so wird's erzählt! / Schuster Hein bei seinen Leisten, / so kennen ihn in Brühl die meisten. / Schöne Gedichte auch hat er geschrieben, / die Brühler ihn darum sehr lieben!" In der Hospitalstraße 16 befand sich die Werkstatt von Schumachermeister Hein(rich) Weber. Hier sieht man ihn in den 1950er-Jahren bei der Arbeit nach dem Motto: Wir lappe mir pappe haun düchtig op de Pinn. Weber machte sich 1950 zuerst in der Bönningergasse selbstständig, Anfang der 1970er-Jahre verlegte er seine Werkstatt in die Hospitalstraße.

Meine erste Begegnung mit dem Spannriemen

Ich erinnere mich noch gut und gerne an die Zeit vor siebzig Jahren, damals gab es links von der Glaserei Kaus auf der Uhlstraße Richtung Eingang zum Schlosspark ein kleines Schuhgeschäft.

Der Meister, von den Kindern „Britze Fuss" genannt, saß friedlich am Fenster seiner Werkstatt. Er lappte-pappte schlug kräftig „op de Pinn". Die Fensterläden waren von außen angebracht, sie reizten stets so sehr. Von Mal zu Mal, wenn einer von uns am Haus des braven Meisters, der auch Küster in der Klosterkirche war, vorbeischlich, schlugen die Flügel der Fensterläden zu, so dass der „Hartgeprüfte" vor Schreck fast vom Schusterschemel flog. Das ging eine zeitlang gut, bis der „Britze Fuss" mich auf frischer Tat ertappte und mit dem Spannriemen versohlte, nach allen Regeln der Kunst.

So manches Husarenstück im Leben,
bei dem sich die Gemüter regen,
macht der Alltag mitunter zum Genuss,
wenn man auch – hier und da – mal leiden muss.

Hein Weber 1975

Die „Milchbar“ in der Carl-Schurz-Straße 7 war ein beliebter Treffpunkt für junge und jung gebliebene Brühlerinnen und Brühler.

Hinter und vor der Theke der „Milchbar“ in den 1950er-Jahren.

Nun folgt ein Abstecher in die Schlossstraße. Die Aufnahme, die um 1920 entstand, zeigt das Lack- & Farbenlabor sowie Tapetengeschäft von M. Hermanns in der Schlossstraße 9. Links sieht man das Haus Nr. 7, das im Zweiten Weltkrieg durch Bomben zerstört wurde.

Die Schlossstraße mit dem neu erbauten Haus Nr. 7 von Foto-Neff. Auf der Aufnahme aus den 1960er-Jahren sind die Zerstörungen des Krieges, die auch diese Straße nicht verschonten, noch gut zu erkennen.

Der Markt mit seinen Geschäften und dem Rathaus in der Kaiserzeit.

Die Beerdigung der Brühlerin jüdischen Glaubens Rosa Manes, Witwe von Metzermeister Georg Manes, im Jahre 1934. Der Trauerzug bewegte sich vom Haus der Familie am Markt zum jüdischen Friedhof an der Kölnstraße.

Das Uhrengeschäft von Valentin Lilienweiß, Uhrmachermeister und Optikermeister, am Markt 4. Vor Lilienweiß war in diesem Haus der Uhrmacher Ferdinand Zilliken mit seiner Uhren-, Gold- und Silberwarenhandlung ansässig.

Die Alte Kurfürsten-Apotheke am Markt 11 von Dr. Piners um 1950. Das Gebäude blieb im Zweiten Weltkrieg unversehrt und wurde in den 1960er-Jahren leider abgerissen. Bereits 1793 erhielt die Kurfürsten-Apotheke vom letzten Kurfürsten und Erzbischof von Köln, Max Franz von Österreich, das Privileg zur Abgabe und Herstellung von Arzneien. Der Kurfürst flüchtete 1794 vor den anrückenden französischen Revolutionstruppen.

Der Brühler Markt mit seinen Geschäften in der NS-Zeit. Wie in vielen Städten wurde auch der Brühler Markt seinerzeit in Adolf-Hitler-Platz umbenannt. Unter dem Hakenkreuz und der Uhr auf der linken Seite erkennt man die Vertriebsstelle des „Westdeutschen Beobachters“, einer 1925 gegründeten nationalsozialistischen Zeitung.

Über Diebe und Einbrecher wachte das Auge des Gesetzes, die Brühler Polizei. Hier überwacht ein Brühler Polizist zur Abwechslung einmal eine Kirmesveranstaltung auf dem Marktplatz in den 1930er-Jahren.

Die Konditorei mit Café Bröhl, Inhaber Wilhelm Junker, am Markt 8 in den 1930er-Jahren. Das Café Bröhl pries sich in einer Werbung als erstes und größtes Konditorei-Café am Platze an. Bei der Bäcker- und Conditor-Ausstellung in Bonn unter der Protektion ihrer königlichen Hoheit, Prinzessin Adolf zu Schaumburg-Lippe, 1904 verlieh man dem Café eine Goldene Medaille.

Zwei Einblicke in das Café Junker mit seiner noblen Inneneinrichtung aus den 1960er-Jahren.

Der Brühler Schützenkönig des Jahres 1950 fuhr beim Schützenfest in der Kutsche über Brühls Kopfsteinpflasterstraßen am „Modernen Theater“ vorbei, das 1913 als zweites Kino in Betrieb gegangenen war. Dieses Kino wurde 1970 geschlossen.

Das 1922 am Markt 15 als drittes Kino eröffnete „Apollo-Theater“ von W. Windeisen in den 1950er-Jahren. Rechts neben dem Theater befand sich das Butter-, Eier-, Käse- und Feinkostgeschäft von Carl Kamps, Markt 17, das Haus des ehemaligen Kurfürstlichen Hofbäckers.

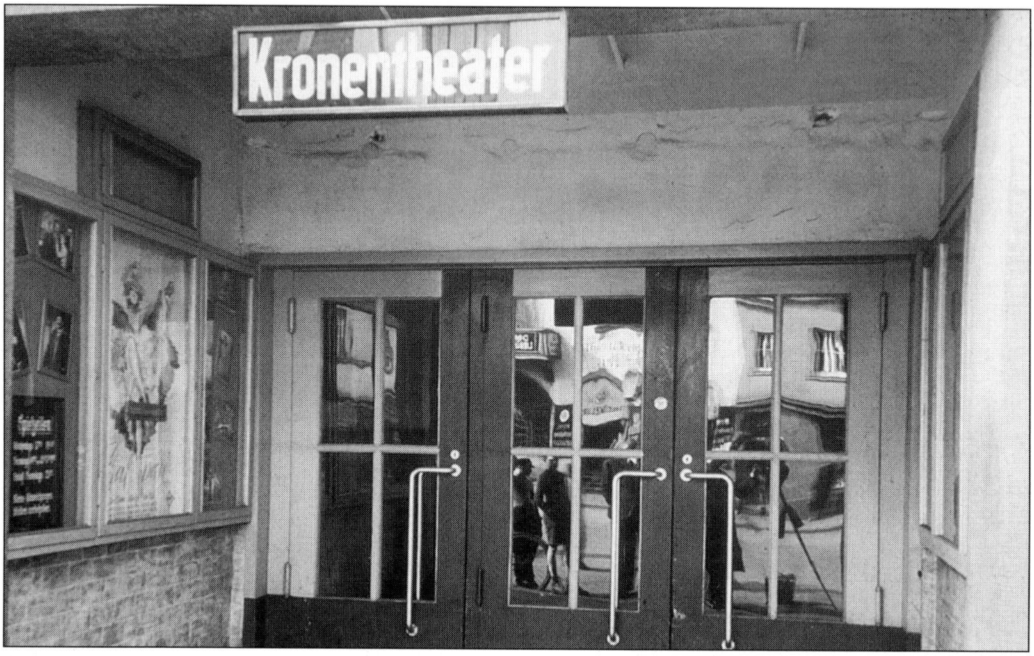

Der Eingang des „Kronentheaters", des ältesten Kinos am Markt. Hier begann die Brühler Kinogeschichte, als die Familie Kaumanns 1908 im Haus „Zur Krone" für 308 Besucher das erste Kino Brühls eröffnete. In einer Werbung von 1939 priesen die Betreiber die beliebten Programme und die einwandfreie technische Einrichtung mit der mustergültigen Tonanlage.

Wer eine Eintrittskarte löste, konnte diesen Blick in den Vorführraum des „Kronentheaters" werfen, in dem 1978 der letzte Film gezeigt wurde. Der in Brühl bekannte ehemalige Amateurboxer Willi Mönig bediente damals als Filmvorführer und Operator die ratternde Maschine mit ihren schnell laufenden Bildern.

Der noch von Kriegszerstörung gezeichnete Marktplatz Anfang der 1950er-Jahre.

Werner Nowaks erstes Zeitungs-Büdchen war in den Ruinen eines von Bomben zerstörten Hauses an der Ostseite des Marktplatzes eingerichtet. Nowak bot vor allem Magazine, Groschenromane und Comics wie Micky Maus an. Später kamen die bis heute bekannten Frauen- und Familienzeitschriften hinzu und so mancher wandte sich an „Tante Klara“, die angeblich in allen Lebenssituationen einen guten Rat wusste. 1948 gründete Werner „Tom“ Nowak den Brühler Pfadfinderstamm „Condor“ und führte ihn über 30 Jahre.

Vor dem Fischgeschäft Nordsee – viele werden sich noch daran erinnern – lieferte der Norda-Fischwagen in den 1960er-Jahren seine Waren aus. Auf der anderen Straßenseite sieht man das Haus „Zum Stern", das älteste, 1530 erbaute Haus am Markt. Es überstand als einziges den großen Stadtbrand von 1689. In diesem Haus war über viele Jahrzehnte das Textilwarengeschäft J.F. Moons ansässig.

Die Auslage des Fischgeschäftes mit den frischen Delikatessen der Saison wirkte äußerst einladend.

Bequem über Stock und Stein, in Salamander-Schuhen von Willi Dörstel. Das Schuhhaus war auf dem Bild oben von 1958 gerade im Umbau. Die schöne alte Fassade, die der Krieg verschont hatte, wurde dem damaligen Zeitgeschmack entsprechend glatt verputzt. Das Haus beherbergte lange Zeit den „Ratskeller“ von Wilhelm Rösch, eine der vielen guten Stuben der Stadt. Das erste Schuhgeschäft von Willi Dörstel wurde 1938 am Markt 9 eröffnet. Vor dem Haus parkte gerade ein Tempo-Lieferwagen, der nur drei Räder hatte.

Dörstel hatte ein großes Schuhsortiment der damals wie heute bekannten Firma Salamander. Für die Kinder war der Schuhkauf ein Vergnügen, denn an der Kasse gab es immer ein Heft mit den neuesten Erlebnissen des Salamanders „Lurchi", der seine Abenteuer mit der Unke „Knöterich" und anderen Freunden nur in Salamander-Schuhen unbeschadet bestehen konnte. Das Schuhhaus warb schon in der Vorkriegszeit mit der Marke Salamander und dem Lurch.

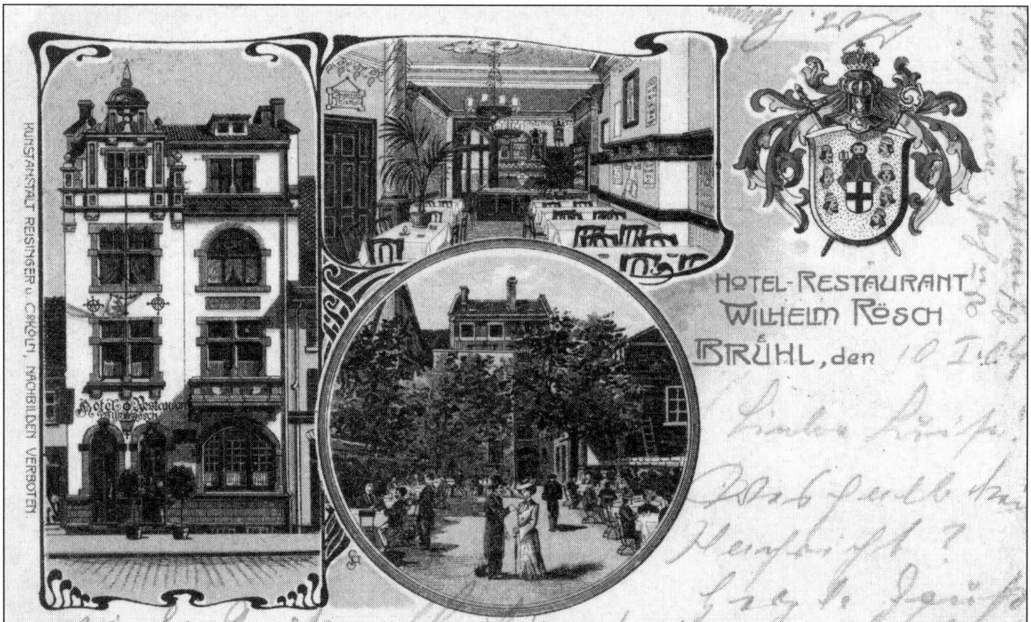

Das Gebäude, mit einer Innenansicht und dem Garten, im Jahre 1904, als es das Hotel-Restaurant von Wilhelm Rösch beherbergte. Die Kunstanstalt Reisinger, die die Karte herstellte, hatte zusätzlich das Brühler Wappen eingezeichnet.

Eine Werbepostkarte, verziert mit dem Brühler Wappen, vom Warenhaus Zier am Markt 26. Die Karte belegt, dass dieses Warenhaus 1877 gegründet wurde.

Das Warenhaus Zier um 1930.

Bernhard Zier mit seiner Familie Anfang der 1930er-Jahre vor seinem Gemischtwarenhaus.

Im Jahre 1957 feierte das Warenhaus stolz sein 80. Firmenjubiläum. Die Zweite von links ist Agnes Zier, neben ihr steht ihre Schwester Antonie.

Mein Großvater Christian Rothkamp mit einem lebensecht aussehenden Eisbären vor dem Buchbinder- und Rahmengeschäft von Hans Kreipel in der Kirchstraße 10. Ende der 1940er-Jahre zog ein Fotograf mit seinem als Eisbär verkleideten Gehilfen durch Brühl und schoss diese Aufnahmen für den späteren Verkauf.

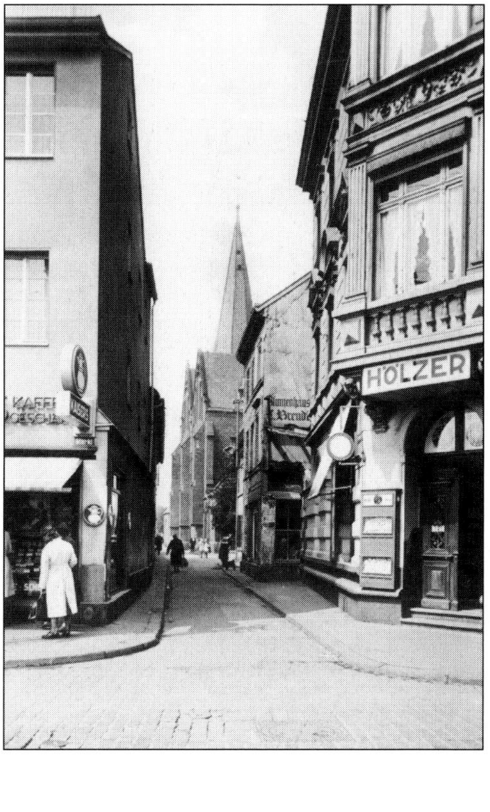

Das 1905 gegründete Tabakwaren-Fachgeschäft mit Großhandel Ludwig Hölzer, Inhaber Walter Hölzer, in der Kölnstraße 1. Links sieht man das Kaisers-Kaffee-Geschäft. Bei Hölzers brannte während der Geschäftszeiten immer ein „ewiges Licht“, an dem sich der Raucher nach dem Zigaretten- oder Zigarrenkauf gleich genüsslich eine anzünden konnte.

„Immer modisch, immer aktuell, immer chic, deshalb immer zuerst zum Textilhaus Kamphausen Kölnstraße 5“, lautete eine Werbung in den 1950er-Jahren.

Beide Aufnahmen auf diesen Seiten zeigen das Textilhaus Kamphausen mit seinen Auslagen Ende der 1950er-Jahre.

Das Textilwarengeschäft Laufenberg-Richarz in der Kölnstraße 10 bot 1953 bereits seit über 50 Jahren seine Waren in Brühl an.

Ein Blick in die Ochsen- und Schweinemetzgerei von Fritz Geuenich in der Kölnstraße 13 in den 1950er-Jahren.

8651 ✱

Hermann Wichterich

Eisenwarenhandlung / Haus- u. Küchengeräte / Öfen u. Herde

Fernsprecher Brühl 2561 / Bankkonto Nr. 243 Kreissparkasse Brühl

HWB

Brühl-Köln

Kölnstraße 11

Postscheckkonto Köln Nr. 42600

Fol.

Rechnung

Brühl bei Köln, den 3 Mai 1939

Kölnstraße 11

für

Die Hermann Wichterich O.H.G war in der Kölnstraße 11 ansässig. Hier eine Firmenrechnung aus dem Jahre 1939.

Das Geschäft Wichterich war Ende der 1950er-Jahre schon mit einer modernen Leuchtreklame versehen. Durch ständige Erweiterungen zählte es schon bald zu den führenden Brühler Fachgeschäften mit dem größten Warenangebot.

Peter Schmitter

Kölnstraße 15 **BRÜHL** Telefon 2577

Drogen, Chemikalien, Farben, Lacke, Tapeten
Seifen, Parfümerien, Zahnpasten, Zahnpulver, Zahnbürsten,
Schwämme und Fensterleder.
Verbandstoffe :: Artikel zur Kranken- und Kinderpflege.
Verbandwatte, Binden,
Kinder-Nähr- und Kräftigungsmittel.
Photographische Apparate und Bedarfsartikel.
Anfängern der Photographie wird auf Wunsch bereitwilligst fachgemässer Rat erteilt.

Ahr-, Mosel-, Rheinweine und Liköre.
Mineralwässer
Nahrungs- und Genußmittel.

— Alle Waren werden frei ins Haus geliefert. —

Chemikalien, Farben, Lacke und Tapeten gab es bei Peter Schmitter in der Kölnstraße 15. Schon 1939, als die Werbeanzeige erschien, lieferte Schmitter sein umfangreiches Warensortiment frei Haus. Nachfolger der Firma Schmitter war die Kaufmannsfamilie Nolden, die die gute Tradition des Hauses weiterführte. Das Unternehmen schloss vor einigen Jahren, doch vielen Brühlern ist der „Schmitter-Wagen", der täglich im Brühler Raum unterwegs war, noch in Erinnerung.

Anton Fischer führte sein Geschäft für Hutmoden in der Kölnstraße 18.

Das Installationsgeschäft von Bernhard Schepers – Zentralheizungen, Haus- und Küchengeräte – in der Kölnstraße 25, aufgenommen in den 1920er-Jahren.

Der Verlag Isabella Martini in der Kölnstraße 28 wurde 1856 von Johann Martini als Buchdruckerei, Buchbinderei und Schreibwarenhandlung gegründet. Isabella Martini übernahm das Geschäft um 1900 und gab ihm ihren Namen. Rechts sieht man das Verlagshaus um 1910, links, in der Nr. 30, das Kurz-, Weiß-, Woll- und Besatzartikelgeschäft Clemens Filz Wtw. Wie immer, wenn ein Fotograf mit seiner geheimnisvollen Plattenkamera Aufnahmen machte, fanden sich viele Schaulustige ein.

Der Verlag Isabella Martini war eines der ältesten Brühler Unternehmen. Viele Ansichtskarten von Brühl aus den Jahren nach 1900, die heute neben dem Sammler- auch einen hohen dokumentarischen Wert besitzen, verdanken wir dieser Alt-Brühler Firma. In einer Werbung aus dem Jahre 1912 bot der Ansichtskartenverlag schon 35 Brühler Ansichten zum Verkauf an. Hier sieht man den Verkaufsraum der Firma Isabella Martini.

Eine Werbepostkarte des Radio- und Elektrohauses von Paul Geitmann in der Kölnstraße 29. Einige Jahre zuvor befand sich in diesem Haus die Maschinenbrot- und Feinbäckerei von Franz Charles.

Das Geschäft Geitmann in den 1930er-Jahren. Vor dem Briefkasten der Deutschen Reichspost unterhalten sich gerade zwei Briefträger.

Nächste Station ist die Belvederestraße, die heutige Burgstraße. Hier konnte man im Hotel „Haus Belvedere" absteigen. Die „Hubertsburg", das spätere „Haus Belvedere", war zur Zeit des Kurfürsten als Magazin für Jagd und Fischerei erbaut worden. Nach der französischen Zeit ging das Haus in den Besitz des Gastronomen Johann C. Weisweiler über, der es zum Hotel umbaute und ihm den Namen „Belvedere" – schöne Aussicht – gab. Weisweiler baute 1846, in die Zukunft denkend, einen Saal für Brühls Feierlichkeiten an, der über hundert Jahre kultureller Treffpunkt war und vielen Brühlerinnen und Brühlern auch heute noch in wehmütiger Erinnerung ist.

Diese Aufnahme zeigt eine Sitzung der 1950 gegründeten Karnevalsgesellschaft „Blau Gold“ im Saal des „Belvedere“ im Jahre 1951.

Auch der Eifelverein veranstaltete seinen Ball im Jahre 1953 im „Belvedere“.

Modenschauen gehörten in den 1950er-Jahren zum festen Repertoire des „Belvedere".

Diese Collage entstand zu Karneval 1938, der ebenfalls im Haus „Belvedere" begangen wurde. Oben links sieht man Prinz Jupp I., alias Josef Zimmer. Rechts oben der letzte Besitzer des „Belvedere", Elfried Mönninghof, der den älteren Brühler noch in guter Erinnerung ist.

Wieder zurück in der Kölnstraße gelangt man bei der Nr. 36 zur Restauration von Tullio Bertoncin. Er war einer der ersten Italiener, die sich nach 1900 in Brühl niederließen. Bertoncin genoss bei den Brühlern große Sympathien. Auf dieser Fotografie aus den 1930er-Jahren steht er links.

In den 1930er-Jahren marschierten die Brühler Schützen an Tullio Bertoncins Restaurant vorbei. Auch hier sieht man den Wirt vor der Eingangstür seiner Restauration.

Das Hotel „Zur Traube“ empfing seine Gäste in der Kölnstraße 40. Nach dem Zweiten Weltkrieg wurde das Hotel unter dem Namen „Kurfürst“ weitergeführt. Der letzte Besitzer war der Brühler Ratsherr Wilhelm Neffgen.

Ein Blick auf die Einrichtung des Hotels „Kurfürst“ in den 1950er-Jahren.

Die Restauration „Schützenhof" in der Kölnstraße 41. In einer Werbung zum 425. Jubelfest der Brühler Schützenbruderschaft im Jahre 1939 warb der damalige Besitzer Franz Radermacher für sein Etablissement mit Küche und Keller vom Feinsten, seinem schönen schattigen Garten und dem Aufspielen des Infanterie-Regiments Nr. 77.

Dieses Foto zeigt gut gelaunte Kegler auf der Kegelbahn des „Schützenhofs".

In der Kölnstraße 55 war das gutbürgerliche „Haus zur Post“ ansässig. 1907 warb es für seine „anerkannt gute Küche“.

Mit dieser Ansichtskarte warb Karl Müller in den 1920er-Jahren für seine zehn Fremdenzimmer mit Zentralheizung, seinen Billardraum und die Kegelbahn. Man beachte, dass dieses Haus gleich drei Fahnenstangen hatte, an denen bis 1918 an Feiertagen die Flagge des Deutschen Reichs gehisst wurde.

4

Stadtauswärts

Die Restauration Heinrich Knott in der Kölnstraße 56 war als gediegene Gaststätte bekannt. Links sieht man die Gaststätte mit Blick in die Kölnstraße Richtung Markt. Knott betrieb neben der Gaststätte auch ein Fuhrunternehmen. Rechts mündet die Heinrich-Esser-Straße ein, links geht es zur Comesstraße. Die Aufnahme entstand in den 1930er-Jahren.

Die DKW-Vertragswerkstatt für Automobile und Motorräder von Fritz Hartmann, später Mercedes Hartmann, an der Heinrich-Esser-Straße 21-25. Das Unternehmen hatte auch eine eigene Tankstelle mit Tankwart. In den 1960er-Jahren umfasste seine Arbeit neben dem Auftanken und Prüfen des Ölstands der Fahrzeuge auch das Reinigen der Scheiben und der Lichtanlage.

Die Pension „Haus Hubertus" von G. Diesch lag an der Wilhelmstraße 17. Dieses mehrmals umgebaute Haus war vor dem Zweiten Weltkrieg unter dem Namen „Villa Meyer-Leiden" bekannt. In den 1960er-Jahren warb der Besitzer mit dieser Ansichtskarte für seine ruhige Lage und die behaglichen Fremdenzimmer.

Mit Gruß aus dem „Pensionat Halbach“ und einem herzlichem Glückwunsch zum neuen Jahr warb die Familie Halbach 1907 für ihre Pension.

In den 1930er-Jahren hatte sich im gleichen Gebäude Kölnstraße 69-71 das Autohaus H. Mörriger mit einer Opel-Vertretung niedergelassen und es für seine Zwecke umgebaut. Links neben dem Autohaus sieht man das Tabakwarengeschäft von Daniel Haschke.

Die Restauration „Zur Schlossbrauerei“ besaß einer Werbung der 1920er-Jahre zufolge den schönsten Garten Brühls.

Die Schlossbrauerei trug von 1865 bis 1880 den Namen M. Früh Brauerei und von 1880 bis 1898 Jos. Ockenfels Schlossbrauerei. Von 1898 bis 1906 hieß sie Schlossbrauerei Brühl G.m.b.H. 1917 fusionierte sie mit der Friedrich Giesler'schen Brauerei und nannte sich dann bis 1936 Brühler Brauerei G.m.b.H. Auf dem Gelände an der Kölnstraße 74 befand sich auch das Rheinische Margarinewerk Giesler & Trinius, das 1922 gegründet wurde.

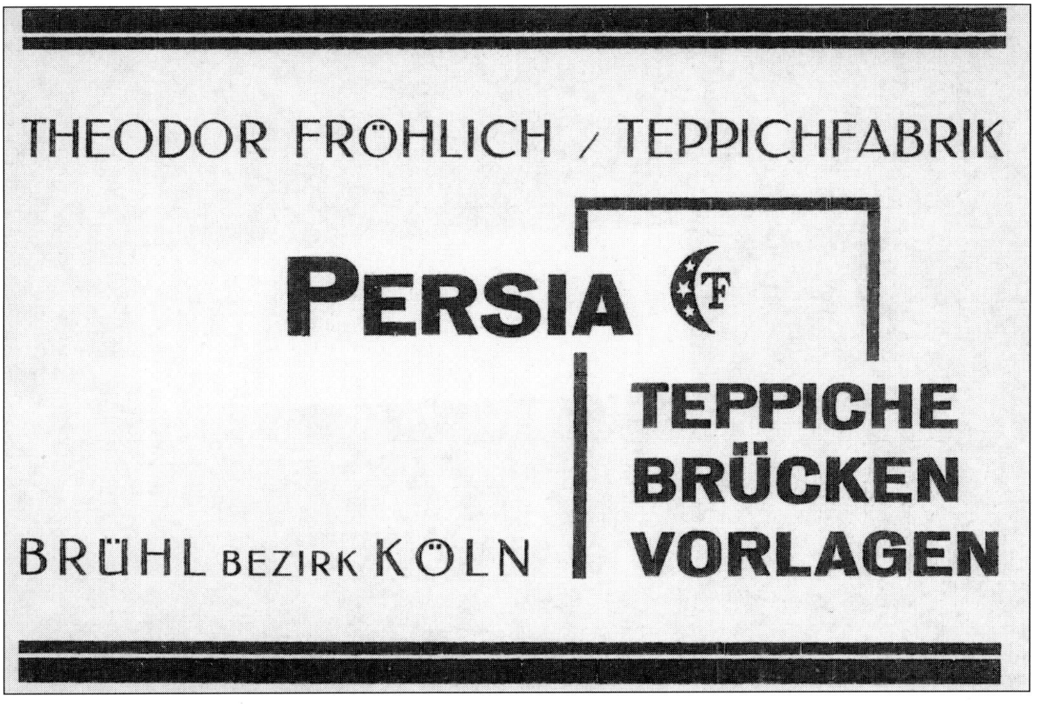

Die 1868 von Köln nach Brühl verlegte Teppichfabrik Th. Fröhlich in der Kölnstraße 84-88 wurde von Fröhlichs Großvater 1850 in Köln gegründet und arbeitete zuerst mit Handwebstühlen. In Brühl stellte man dann aber auf den schnelleren mechanischen Betrieb um. Der Betrieb verkaufte seine Teppiche im In- und Ausland über zahlreiche Repräsentanten. Unter der Leitung von Leopold Fröhlich begann ab 1921 ein weiterer Aufschwung des Unternehmens, das jetzt Teppiche nach orientalischem Vorbild auf der Basis eines eigenen Patents anfertigte. Das Bild unten zeigt einen solchen Teppich, der als Verkaufsmuster fotografiert wurde.

Gegründet 1857. A·Kivernagel G.m.b.H. BRÜHL-KÖLN, den 31. Dez.

Inhaber: Rich. Buchholz, ... WAGENBAU.

Prämiirt auf allen beschickten Ausstellungen. Düsseldorf 1902: Staatsmedaille und goldene Ausstellungsmedaille.

Telegramm-Adresse: Kivernagel Brühl-Köln.

Fernsprech-Anschluss: Amt Köln No 1325.

Rechnung für Herrn Graf Wolff-Metternich, Schloß Gracht.

No. 195

Erfullungsort für Lieferung und Zahlung ist Brühl-Köln

Zahlbar netto cassa

Mk	Mk	Pf

In den 1930er-Jahren verlegte Max Geissler seinen Betrieb von der Pingsdorferstraße 52-54 auf das Gelände der Firma Stollwerck, vormals Wagenbau Kivernagel, in der Kölnstraße 139-141. Er kaufte Stollwerck 1937 auf. Hier sieht man einen Rechnungskopf der 1857 gegründeten Firma Wagen- & Karoseriebau Kivernagel, die auf einer Ausstellung 1902 in Düsseldorf mit der Staatsmedaille und der goldenen Ausstellungsmedaille prämiert wurde.

Die VW-Firma von Max Geissler in den 1960er-Jahren, rechts sieht man die dazugehörende Tankstelle. Der Käfer war weltweit so populär, dass er bis vor wenigen Jahren das meistverkaufte Auto überhaupt war. Er symbolisiert wie kein zweites Produkt das Wirtschaftswunder der 1950er-Jahre.

Ein Rechnungskopf der Chemischen Fabrik Brühl Gottfried Kentenich & Cie. Um 1940 warb die in der Kölnstraße 233-235 ansässige Fabrik für ihre Isolier-, Rost- und Wetterschutz-Farben der Marke Kentol. Man pries Brühler Kentol-Farben für ihre Farbschichten von höchster Elastizität und Widerstandsfähigkeit gegen atmosphärische und chemische Einwirkungen.

Die 1888 gegründete Kölner Eisenwerk und Rheinische Apparatebau-Anstalt GmbH in der Kölnstraße 204-206. Das Werk stellte sich auf diesem Rechnungsbogen aus dem Jahre 1940 imposant mit hohem, rauchendem Schornstein und Blick auf den Dom dar. Die Eisengießerei fertigte komplette Feuerungsanlagen, sämtliche Feuerungsersatzteile und Roststäbe bis zu zehn Tonnen Stückgewicht. Das Unternehmen war Alleinhersteller der Sideronit-Roststäbe für Feuerungen.

Das Brühler Edeka-Haus mit dem 1920 gegründetem Edeka-Großhandel. Die Niederlassung befand sich in der Kölnstraße 225. Auf der Aufnahme ist auch ein Auslieferungswagen von Edeka zu sehen, er belieferte viele Brühler Geschäfte.

Auf dieser Aufnahme aus den 1930er-Jahren steht ein Edeka-Wagen vor der Lebensmittel-, Woll- und Weißwarenhandlung von Mathias Bollig auf dem Brühler Marktplatz 21.

Im Jahre 1927 gründete Georg Sandmann, ein langjähriger enger Mitarbeiter von Fritz Thyssen, an der Kölnstraße 262-266 das Brühler Eisenwerk. Sandmann war zu diesem Zeitpunkt schon 60 Jahre alt und in diesem Industriezweig zu leitender Stellung aufgestiegen. Er setzte zukunftsweisend auf das beginnende Automobil-Zeitalter und spezialisierte sich auf die Herstellung von Zylinderblöcken und -köpfen. Das Werk ist heute europäischer Marktführer im Bereich Motorenguss und fertigt Motorblöcke für verschiedene Automobilhersteller.

Der Firmengründer des Brühler Eisenwerkes, Direktor Georg Sandmann. Die Aufnahme entstand anlässlich seines 75. Geburtstages im Jahre 1951 in seinem Büro.

Im Jahre 1952 feierte das Brühler Eisenwerk sein 25. Firmenjubiläum.

Die Brühler Glasfabrik an der Bergerstraße war einst die größte Spezialfabrik Deutschlands für Verpackungsgläser aller Art, wie die Anzeige von 1912 belegt. Bereits sechs Jahre nachdem diese Werbung gestaltet wurde, produzierte die Fabrik täglich 100.000 seiner Patentverschlüsse.

Für dieses Foto wurde extra ein Schild mit der Aufschrift, „Die lustigen Sieben der Brühler Glashütte im Mai 1925“ angefertigt.

Dieser Rechnungskopf wurde 1896 verschickt, drei Jahre nach der Gründung der Zuckerfabrik Brühl. 1937 verfügte das Unternehmen schon über ein Aktienkapital von 1.680.000 Reichsmark und Verarbeitungsmöglichkeiten für 1.200.000 Doppelzentner Rüben je Kampagne.

Die 1893 von Landwirten aus der Kölner und Bonner Gegend gegründete Bauern-Zuckerfabrik Brühl in der Bergerstraße 57. Die Zuckerfabrik war über eine mehrere Kilometer lange Hochseilbahn mit der Braunkohlengrube Berggeist verbunden. Die Seilbahn versorgte die Fabrik mit der nötigen Kohle zur Befeuerung des Kesselhauses. Nicht selten nutzten auch Kinder die Drahtseilverbindung, um eine amüsante, wenngleich streng verbotene Fahrt von der Grube bis zur Zuckerfabrik zu unternehmen.

Die Werkanlagen der Zuckerfabrik mit dem markanten Schornstein in den 1930er-Jahren, links sieht man die Hochseilbahn.

Die Seilbahnüberführung über die Rheinstraße bestand bis in die 1930er-Jahre. Im Hintergrund sieht man das Haus des Apothekers Drude mit der Hausnummer 63.

Das Brühler Rankewerk in der Rheinstraße 207 in den 1950er-Jahren. 1906 gegründet, war es das erste Unternehmen im Rheinland, das die Fabrikation porzellan-emallierter Stahlbadewannen aufnahm. Der Verkauf Brühler Ranke-Badewannen und -Badeöfen beschränkte sich nicht auf Deutschland und Europa, Erzeugnisse des Werkes wurden auch nach Bombay, Veracruz, Hongkong und Buenos-Aires geliefert.

Die Verkaufskorrespondenz-Abteilung des Unternehmens in den 1950er-Jahren.

Das letzte Unternehmen dieser Zeitreise ist die Eisenbahn-Verkehrsmittel AG (EVA) in der Rheinstraße 219-221. Das Werk Brühl der EVA, deren Zentrale in Berlin war, wurde im Jahre 1909 als Depotplatz und Reparaturwerkstätte für eigene Leihwagen gegründet. Das Werk war die größte Reparaturwerkstätte für Eisenbahnwagen im Deutschen Reich in Privatbesitz. 1930 wurden etwa 3.000 Spezialwagen instand gesetzt und mehrere hundert neu gebaut. Hier sieht man zwei Aufnahmen aus der Zeit der alliierten Besatzung nach dem Zweiten Weltkrieg, sie zeigen Wagen der Deutschen Reichsbahn, die das Werk gerade überholt hatte.

Zu guter Letzt eine kleine Auswahl von Geldscheinen, ohne die ein Wirtschaftsleben, wie wir es kennen, nicht möglich wäre. Die Scheine stammen aus dem Kaiserreich, der jungen Weimarer Republik und den Inflationsjahren. Mit der Rentenmark (rechts unten) versuchte man 1923, die Hyperinflation zu stoppen. Ab 1924 wurde sie durch die Reichsmark abgelöst.

Während und nach den beiden Weltkriegen waren fast alle Waren des täglichen Bedarfs rationiert und nur noch auf Karte zu bekommen. Hier sieht man eine Auswahl solcher Lebensmittelkarten.

Sutton Verlag

BÜCHER AUS DEM RHEIN-ERFT-KREIS

Schloss Augustusburg und Park
Hans Rothkamp
ISBN-10: 3-89702-926-X | ISBN-13: 978-3-89702-926-2
17,90 € [D]

Bergheim. Die Kreisstadt an der Erft
Gabriele Scholz und Volker Schüler
ISBN-10: 3-89702-179-X | ISBN-13: 978-3-89702-179-2
16,90 € [D]

Stadt Frechen. Die ersten Jahre
Gabriele Scholz und Volker Schüler
ISBN-10: 3-89702-381-4 | ISBN-13: 978-3-89702-381-9
17,90 € [D]

Hürth 1948 bis 1978
Gabriele Scholz und Volker Schüler
ISBN-10: 3-89702-554-X | ISBN-13: 978-3-89702-554-7
17,90 € [D]

Impressionen aus dem **Landkreis Köln**
Gabriele Scholz und Volker Schüler
ISBN-10: 3-89702-767-4 | ISBN-13: 978-3-89702-767-1
17,90 € [D]

Das Rheinische Braunkohlenrevier
1877 bis 1957
Volker Schüler und Manfred Coenen
ISBN-10: 3-89702-643-0 | ISBN-13: 978-3-89702-643-8
17,90 € [D]

SUTTON VERLAG